全国技工院校新能源汽车检测与维修专业（中/高级技能层级）

新能源汽车空调检测与维修 习题册

主　编　徐继勇

副主编　林伟奕　林锦桐

中国劳动社会保障出版社

简介

本习题册是全国技工院校新能源汽车检测与维修专业教材（中 / 高级技能层级）《新能源汽车空调检测与维修》的配套用书。习题册内容紧扣教材的教学要求，注重基础知识的巩固和基本能力的培养，知识点分布均衡，题型丰富，难易适当，有助于学生复习巩固所学知识。

本习题册由徐继勇担任主编，林伟奕、林锦桐担任副主编，付毅、韩正纬、刘宣、赵星华、黄辉镀、张宗锋参加编写，陈贵龙担任主审。

图书在版编目（CIP）数据

新能源汽车空调检测与维修习题册 / 徐继勇主编. -- 北京：中国劳动社会保障出版社，2020

全国技工院校新能源汽车检测与维修专业. 中 / 高级技能层级

ISBN 978-7-5167-4541-0

Ⅰ. ①新… Ⅱ. ①徐… Ⅲ. ①新能源 – 汽车空调 – 车辆检修 – 技工学校 – 习题集 Ⅳ. ①U469.703-44

中国版本图书馆 CIP 数据核字（2020）第 131961 号

中国劳动社会保障出版社出版发行

（北京市惠新东街 1 号　邮政编码：100029）

*

三河市潮河印业有限公司印刷装订　新华书店经销

787 毫米 ×1092 毫米　16 开本　5 印张　84 千字

2020 年 9 月第 1 版　2025 年 2 月第 8 次印刷

定价：11.00 元

营销中心电话：400-606-6496

出版社网址：http://www.class.com.cn

http://jg.class.com.cn

目 录

模块一
新能源汽车空调系统认知

课题一　新能源汽车空调概述

一、填空题

1. 新能源汽车空调是以____________为驱动能量，实现对车厢内空气__________、__________、__________和____________的装置，简称汽车空调（Air Conditioner）。

2. 新能源汽车空调的作用与传统汽车空调的作用一致，主要有以下四点：调节____________，调节____________，调节________________，____________________。

3. 对于纯电动汽车，没有__________作为空调压缩机的动力源，也不能利用__________余热作为汽车空调冬天制热用的热源，因此，空调系统的冷源、热源和其他能源都来自____________。

4. 纯电动汽车空调系统的制冷功能可以用____________作为动力源来实现，但为了使电动压缩机更好地工作，还要研发压缩机的____________，以提高能源利用效率。

5. 混合动力电动汽车就是在纯电动汽车上加装一套内燃机，其能源配备结构与传统汽车相比变化________，由发动机和电动机__________或__________驱动汽车行驶。

6. 燃料电池电动汽车是将____________转化成的________作为动力的。

7. 由于燃料电池的化学能转换效率______，余热排放量______，所以燃料电池电动汽车能耗______。燃料电池电动汽车空调的制冷系统也占用一大部分能耗，因此，可以采用______________式制冷系统。

8. 新能源汽车空调系统主要由______________、_____________、______________、______________和______________组成。

9. 通风系统将外部新鲜空气吸进车室内，起________、________和________作用，同时引起车室内空气流动，对风窗玻璃进行____________。

10. 汽车空调要向乘员头部、脚部、左右方向送出冷风、热风或新风，并向风窗送风除霜、除雾，所以有一套比较复杂的____________系统。

11. 汽车空调的通风方式一般有__________、__________和__________三种。

12. 新能源汽车空调制冷系统与传统汽车空调制冷系统的组成基本相同，主要差别在于________________________。

13. 传统汽车空调制冷系统中压缩机是被________________带动进行工作的，无法对压缩机的________进行有效调节。

14. 纯电动汽车空调制冷系统中的变频器在压缩机控制器的控制下可将动力蓄电池提供的高压直流电逆变为电压和频率可调的______________，驱动压缩机工作。

15. 混合动力电动汽车空调压缩机的驱动方式较为多样，中混合式（Mild-HEV）可采用传动带传动和电动机驱动兼顾的______________；强混合式（Strong-HEV）可采用电动压缩机，如______________。

16. 新能源汽车空调制冷系统主要由________________、____________、________________、____________、____________及连接管路组成。

17. 对于纯电动汽车、燃料电池电动汽车而言，没有发动机作为空调压缩机的动力源，也无法利用______________以达到取暖以及________的效果；对于混合动力电动汽车来说，发动机因其______________，不能随时作为制冷压缩的动力或暖风的热源。

18. 新能源汽车主要采用____________、____________、____________三种方式实现供暖。

19. 空气净化方式有________________和________________两种。

20. 静电集尘式空气净化方式是在过滤器的基础上再增设一套____________装置。

21. 新能源汽车空调控制系统主要由____________、____________、____________、______________四部分组成。

22. 新能源汽车空调控制系统的控制器有________________、________________、________________、________________等，它们通过CANH、CANL线路交流，负责接

收信息、计算处理和发出动作指令。

二、选择题

1. 在冬季，风速大了会影响到人体的体温，因而冬季采暖时气流速度应尽量小一些，一般为（　　）。

A. 0.15 m/s 以下　　B. 0.15 ~ 0.20 m/s

C. 0.20 ~ 0.25 m/s　　D. 0.25 m/s 以上

2. 汽车内的相对湿度一般保持在（　　）。

A. 25% 以下　　B. 30% ~ 70%

C. 90% 以上　　D. 以上均不对

3. 在新能源汽车空调制冷系统中，制冷剂在压缩机的作用下循环流动，在（　　）处由气态冷凝为液态，放出热量；在（　　）处由液态蒸发为气态，吸收热量，从而降低车内的温度。

A. 膨胀阀　　B. 储液干燥器

C. 蒸发器　　D. 冷凝器

4.（　　）作为信息采集部件，将制冷情况、车内外温度和其他有关信息输入到 VCU 中。

A. 传感器　　B. 各种阀

C. 电动机　　D. 自诊断系统

5. 如何供暖是纯电动汽车空调系统最大的问题，电动汽车无法燃烧燃料产生热能，电动机散发的热量（　　），（　　）回收利用，因此，只能通过动力蓄电池进行加热。

A. 较小　容易　　B. 较大　容易

C. 较小　难以　　D. 较大　难以

6. 燃料电池电动汽车的燃料电池产生高压电，经（　　）转换为稳定的近 400 V 的高压直流电，用高压直流电驱动的直流无刷式电动机作为压缩机动力源。

A. AC–AC　　B. AC–DC

C. DC–AC　　D. DC–DC

7. 新能源汽车空调控制系统的执行装置不包括（　　）。

A. 继电器　　B. 鼓风机

C. CAN 线　　　　D. 电动机

三、判断题

1. 车厢内空气湿度的调节是通过制热系统去除空气中的水分，达到除湿的效果。（　）

2. 一般汽车空调装置上都设有进风门、排风门、空气过滤装置和空气净化装置。车内新鲜空气量应保持在 20 ~ 30 m^3/h，二氧化碳体积浓度应在 0.1% 以下。（　）

3. 新能源汽车主要采用 PTC 加热器、热泵空调、电加热装置三种方式实现供暖。（　）

4. 纯电动汽车空调供暖时，可利用高压电直接加热空气，这种方法的结构简单、热效率高，且十分安全。（　）

5. 因为燃料电池电动汽车的余热吸收式制冷空调系统的热力系数偏低，运行过程中会出现传热性能变差、制冷量下降等问题，所以还需要做进一步的技术性研究。（　）

6. 北汽 EV160 型纯电动汽车空调系统处于供暖状态时，空调控制器采集室内温度传感器信号，通过逻辑运算发送 CAN 控制信号，PTC 总成根据控制信号调整发热功率。（　）

7. 传感器不属于汽车空调控制系统。（　）

8. 新能源汽车空调控制系统中的执行装置按控制器的指令执行动作。（　）

9. 空调控制器控制空调压缩机低压电路的通断，同时向执行装置发出控制信号，对车内空气的温度、湿度及流通状况按照预定要求进行调节。（　）

四、简答题

1. 简述新能源汽车空调的定义。

2. 简述新能源汽车空调系统的主要组成部分及各部分的作用。

3. 比较空调供暖时用高压电直接加热空气和加热冷却液的区别。

4. 根据图 1–1–1 简述新能源汽车空调控制系统的工作原理。

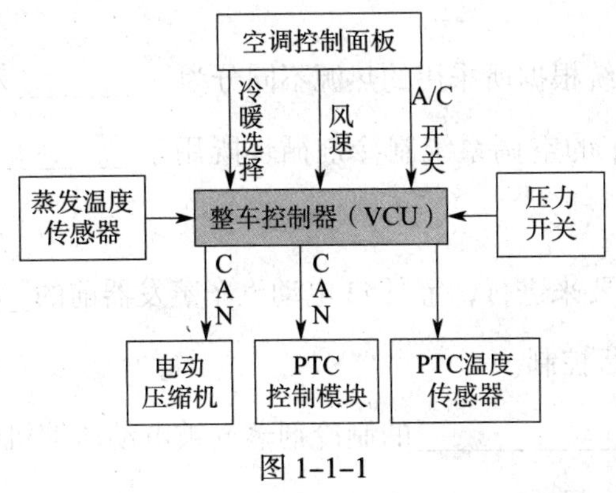

图 1–1–1

课题二　新能源汽车空调系统的工作原理

一、填空题

1. 传统汽车空调系统的结构包括__________、__________、__________、__________、__________、__________、__________及相关的空调管路。

2. 空调制冷的四个基本过程为__________、__________、__________和__________。

3. 汽车空调暖风系统根据所采用的热源不同分为__________和__________。

4. 宝马 i3 电动汽车的空调系统制冷剂循环既用于__________，又用于__________冷却。

5. 车内制冷根据需要来进行，宝马 i3 电动汽车蒸发器前的__________和__________由电气电子系统进行控制。

6. 在制冷模式时，__________的制冷剂蒸气被电动压缩机吸入，压缩为__________的过热蒸气并通过冷凝器。

7. PTC 加热器是以__________为发热源的一种加热器。

8. 纯电动汽车可使用PTC加热器直接加热__________，也可使用PTC加热器加热____________从而加热空气。

9. 热泵空调相比于PTC加热器，可大幅________能耗，________汽车的冬季续航里程，但热泵系统低温制热效率______且成本________，因此，大多数汽车厂家仍然采用PTC加热器供暖。

10. 热泵空调系统的工作原理与家用空调相似，供暖时的制冷剂流动方向与制冷时相______。

11. 为保证在温度较低的情况下仍能给车内供暖，宝马i3电动汽车使用了______________。

12. __________一般都设置在插入水中的金属管内，其最高控制温度一般都设定在合适的温度区域，这样就可以保证加热器有较大的蓄热量。

13. 为了避免控温器失灵时加热冷却液温度过高而影响车辆的工作性能，系统内设有__________，其限温值设定在略高于控温器的最高控制温度。

14. 电动客车一体式电动空调系统制热循环过程主要通过______________的切换和________的变换来实现。

15. 混合动力电动汽车将电加热装置与传统汽车空调暖风水箱______联，通过电加热装置加热后的冷却液进入空调暖风水箱，空气通过暖风水箱被加热升温吹入车内，实现车内供暖功能。

16. 全电动压缩机仅由__________驱动，双驱动压缩机则由____________与__________协同驱动，制冷性能由混合动力控制模块控制电动机转速即压缩机转速来完成。

17. 燃料电池电动汽车因余热排放量大，除可采用______________空调系统外，还可采用______________空调系统实现制冷，再利用电池余热实现供暖。

18. 吸收式制冷是利用两种物质所组成的__________作为工质对，利用工质对的质量分数变化完成__________的循环。

19. 溴化锂吸收式制冷空调系统主要由____________、____________、____________、__________、__________、__________等部分组成。

20. 燃料电池电动汽车空调暖风系统供暖温度的高低可通过__________的开闭幅度进行调节。

二、选择题

1.（　）用于调节空调出风口的温度。

A. 温度调节阀　　B. 内外循环调节阀

C. 出风模式调节阀　　D. 鼓风机

2. 压缩机将气态制冷剂压缩成高温高压的制冷剂气体，并通过压缩机排气管输送到（　　）。

A. 蒸发器　　B. 冷凝器

C. 鼓风机　　D. 四通换向阀

3. 高压液体经过膨胀阀变为低温低压气液混合态，最后经室外换热器从室外吸热变成（　　）气体并通过四通换向阀、气液分离器再次进入压缩机，完成制热循环。

A. 高温高压　　B. 高温低压

C. 低温高压　　D. 低温低压

4. PTC 是一种典型的具有温度敏感性的半导体电阻，超过一定的温度（居里温度）时，它的电阻值随着温度的升高呈阶跃性的（　　）。

A. 降低　　B. 不变

C. 升高　　D. 无法确定

5. 热泵空调系统的组成不包括（　　）。

A. 压缩机　　B. 双水阀

C. 截止阀　　D. 热泵热交换器

6. 电加热装置工作时，当冷却液温度较低时，接线盒电子装置控制电动转换阀（　　），（　　）发动机冷却液流入。

A. 打开　　B. 关闭

C. 使得　　D. 阻止

三、判断题

1. 以膨胀阀为界，膨胀阀之前（压缩机→冷凝器→储液干燥器→膨胀阀）的制冷剂呈低温低压状态，称为低压侧，相应的管道称为低压管。（　）

2. 可通过调节鼓风机转速的大小以控制车内通风量的多少，达到控制车内温度的

目的。（　　）

3. 空调控制面板上的内外循环、温度调节等开关控制相应的伺服电动机，由伺服电动机驱动与之对应的阀门，从而实现内外循环、温度、出风模式的调节。（　　）

4. 纯电动汽车空调制冷系统控制原理完全不同于传统汽车空调制冷系统控制原理。（　　）

5. 热泵空调的工作效率比较高，但低温制热能力受到条件限制，还需要进一步改进。（　　）

6. 宝马 i3 电动汽车的动力蓄电池单元不是通过制冷剂进行冷却的，因此，空调系统的制冷剂循环回路由两个并联支路构成。（　　）

7. 冷却液温度较高时，因电动转换阀不通电呈关闭状态，被发动机加热的冷却液流经转换阀、电加热装置和双水阀，到达暖风热交换器。（　　）

8. 电动客车一体式电动空调系统的除霜功能是通过切换四通换向阀反向运行，增开车内 PTC 电加热，同时关闭车外风机的快速融霜技术予以实现的。（　　）

9. 工质在同一压强下有不同的沸点，其中低沸点的工质被称为吸收剂，高沸点的工质被称为制冷剂。（　　）

10. 配备双驱动压缩机的混合动力电动汽车解决了发动机停止工作时空调压缩机无动力来源以及电动空调系统能量转换损耗大，影响电动机、电动汽车动力蓄电池使用寿命的问题。（　　）

四、简答题

1. 简述空调系统制冷的四个基本过程。

2. 根据图 1–2–1 简述宝马 i3 电动汽车空调制冷系统的工作原理。

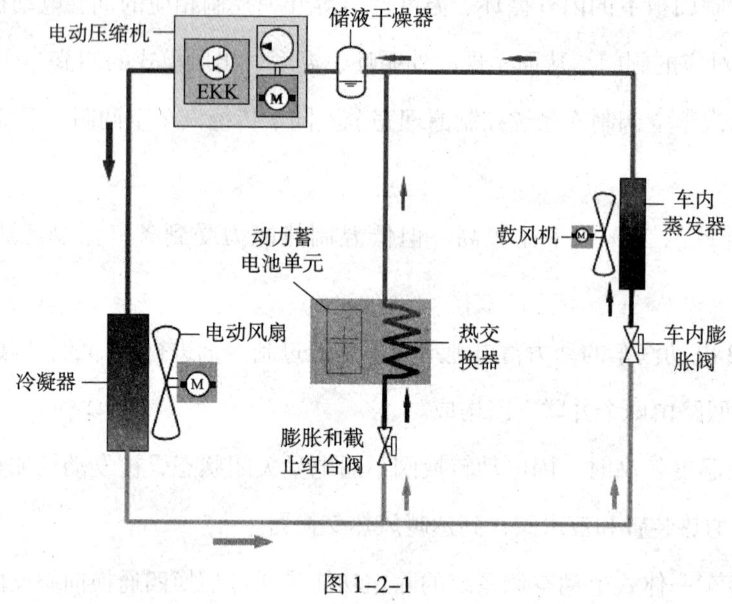

图 1–2–1

五、综合题

填写图 1–2–2 所示热泵空调系统的组成名称，并比较热泵空调供暖与 PTC 加热器供暖的优缺点。

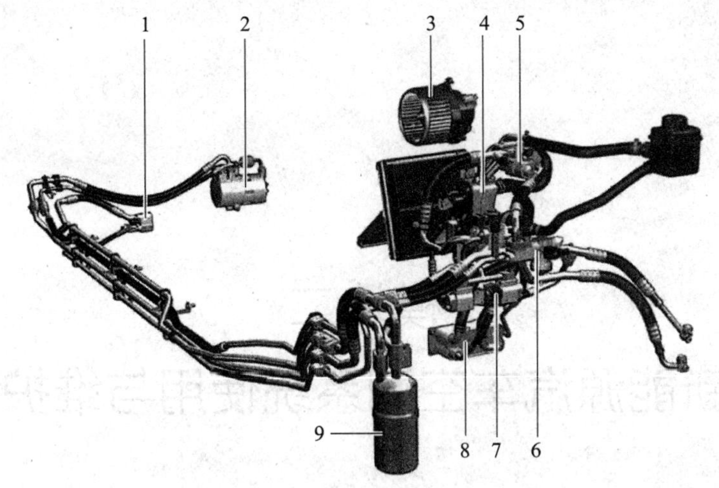

图 1-2-2

1—__________ 2—__________ 3—__________ 4—__________

5—__________ 6—__________ 7—__________ 8—__________

9—__________

模块二
新能源汽车空调系统使用与维护

课题一　新能源汽车空调的使用

一、填空题

1. 车辆在选择开启空调制冷时，需先打开空调__________旋钮，再按下制冷控制__________开关，汽车空调才能正常开始制冷。

2. 温度选择旋钮分为蓝色区域和红色区域，蓝色区域为__________模式，红色区域为__________模式。

3. 可根据需要调节温度的高低，将旋钮旋向蓝色区域下方，______量逐渐增大；将旋钮旋向红色区域下方，________量逐渐增大。

4. 长期不使用汽车空调时，最好每两周启动一次汽车，让空调运行一下，使____________和__________在系统中流动，起到保护空调系统的作用。

5. 空调滤芯起到__________的作用，要定期清洁和更换。

二、选择题

1. 卡罗拉汽车空调风量调节旋钮共有（　　）个挡位。

A. 1　　　　B. 2

C. 3　　　　D. 4

2. 后风窗玻璃和倒后镜采用电加热式装置的目的是（　　）。

A. 保暖　　B. 除雾

C. 除污渍　　D. 让雨水更快流下

3. 下列不属于汽车空调出风模式的是（　　）。

A. 吹上半身及吹地板（脚）模式　　B. 吹地板（脚）模式

C. 吹行李舱及吹地板（脚）模式　　D. 吹前风窗玻璃模式

4. 图标　　表示的含义为（　　）。

A. 后视镜加热　　B. 制冷开关

C. 内外循环切换开关　　D. 温度选择开关

5. 在夏季雨天前风窗玻璃起雾的情况下，最快的除雾方法为（　　）。

A. 打开车窗　　B. 用制热模式吹风窗玻璃

C. 用制冷模式吹风窗玻璃　　D. 用自然风吹风窗玻璃

三、判断题

1. 炎热夏季久停的车辆在刚启动打开空调时，应关闭车窗，降低热负荷，增强制冷效果，减轻空调制冷负担。（　　）

2. 夏季车辆应避免太阳暴晒，最好在打开车窗散热后再启动空调制冷系统。（　　）

3. 为了节省燃油，空调应尽量在小风量下运行，这样还能对空调通风管路内部起到清洁作用。（　　）

4. 空调温度不宜开得过低，否则会造成人体不适。（　　）

5. 因为冷凝器使用环境较差，容易脏污，所以要定期检查和清洁，让空调的散热效果达到最佳。（　　）

四、简答题

1. 为什么启动汽车时要关闭空调？

2. 汽车自动空调与手动空调的主要区别是什么？

课题二　新能源汽车空调系统检修工具的认识

一、填空题

1. 扳手可分为呆扳手、__________、活扳手、棘轮扳手、__________等。

2. 活扳手也叫__________，适用于尺寸不规则的螺栓、螺母。它能在一定范围内任意调节__________，一个可调扳手可用来代替多个呆扳手。

3. 棘轮扳手的头部设计有__________，在不脱离套筒和螺栓的情况下，可实现快速__________的转动。

4. 使用棘轮扳手时，按下__________，将套筒扳手套入棘轮扳手的方榫中，松开锁定按钮，套筒即被__________；如再次按下锁定按钮，即可解除套筒锁定，取出套筒。

5. 力矩是__________和__________的乘积，在紧固螺钉、螺栓、螺母等螺纹紧固件时，需要控制施加的力矩大小，以保证螺纹__________且不至于因力矩过大__________螺纹，所以需用力矩扳手来操作。

6. 钳子的外形呈 V 字形，通常包括__________、__________和__________三部分。

7. 钳子的种类有__________、斜嘴钳、__________、扁嘴钳、针嘴钳、断线钳、__________、管子钳、打孔钳等。

8. 拉拔器是把__________、__________等从轴上无损伤快速拆卸下来的工具。

9. 万用表是测量多种电学参量的磁电式仪表，是汽车电路检查的常用工具，现在汽车万用表以数字式为主，可测量直流电流、__________、交流电流、交流电压、__________等。

10. 歧管压力表组一般有两个表头，蓝表头是__________，红表头是__________。

11. 汽车空调制冷系统在检修或更换元件后，系统管路中会存在一定的空气，空气中的水蒸气在空调系统运行过程中会使制冷系统产生__________，使制冷效果变差或者不制冷，因此，在对空调制冷系统检修后、加注制冷剂前，应先对系统进行__________操作。

12. 制冷剂回收加注机兼有__________、抽真空、__________和__________等功能。

二、选择题

1. 下列不属于手动工具的是（　　）。

A. 梅花扳手　　B. 旋具

C. 风炮　　D. 尖嘴钳

2. 下列工具中属于旋具的是（　　）。

A. 锯子　　B. 一字旋具或十字旋具

C. 锤子　　D. 尖嘴钳

3. 下列关于呆扳手的说法中，错误的是（　　）。

A. 用优质工具钢锻造，通过整体热处理加工而成

B. 要选用适当型号的呆扳手，否则会损坏螺钉

C. 用于拆卸一些位置比较狭窄、不能使用套筒或梅花扳手操作的螺栓或螺母

D. 所有需要拧紧螺钉的情况都优先选用呆扳手

4. 下列关于拉拔器的说法中，错误的是（　　）。

A. 用于取下在轴上固定较紧的齿轮的工具

B. 应使夹具压紧被拆的零件，使用螺杆压力尽量大的拉拔器

C. 拉拔器旋转费力时可以用锤子轻轻敲打

D. 拉拔器要做到定期保养润滑，保持螺纹旋转顺畅

5. 下列不属于万用表的作用的是（　　）。

A. 测量电流　　B. 测量交流电压

C. 测量直流电压　　D. 测量液体密度

6. 歧管压力表组不能实现的功能是（　　）。

A. 测量空调系统压力　　B. 测定空调系统温度

C. 抽真空　　D. 加注制冷剂

7. 下列关于电子检漏仪的说法中，错误的是（　　）。

A. 通过查看电源指示灯来核对动力蓄电池电量

B. 一旦电源开关开启，检漏仪的出厂设定为四级，等级越高则灵敏度越高

C. 操作过程中，任何时候都不可以通过按住上调键和下调键来调整灵敏度，否则会影响正在进行的检测

D. 在寻找漏源时，若检测到制冷剂泄漏，检漏仪会发出报警声，明显区别于刚开始的“嘀嘀”声

8. 下列物品中不是荧光检漏用到的物品的是（　　）。

A. 电子检漏仪　　B. 射灯

C. 荧光剂　　D. 滤光镜

9. 荧光检漏利用荧光检漏剂在紫外 / 蓝光检漏灯照射下会发出明亮的（　　）的原理，对各类系统中的流体渗漏进行检测。

A. 红色　　B. 蓝色

C. 黄绿色　　D. 紫色

10. 下列关于博世罗宾耐尔（16910）制冷剂鉴别仪的说法中，错误的是（　　）。

A. 过滤器不能有红点，若有红点，说明已污染，必须更换

B. 净化排放口在净化过程中排放制冷剂和空气的混合物

C. 排放口设有一个防护帽，净化作业时要更换三次

D. 为避免制冷剂过度流失，在制冷剂鉴别过程中，防护帽必须始终装在排放口上，系统将自动提示是否进行净化，排放口应洁净，无堵塞

三、判断题

1. 扳手在使用中应注意与螺栓或螺母的平面保持水平，以免用力时扳手滑出伤人。（ ）

2. 当旋转扳手力度不够时，可以在扳手尾端加接套管延长力臂。但不能用钢锤敲击扳手，扳手在冲击载荷下极易变形或损坏。（ ）

3. 只要能套住螺母，公制扳手与英制扳手都可以加力。（ ）

4. 为避免造成打滑而伤及使用者，一般优先选用套筒扳手，其次为梅花扳手，再次为呆扳手，最后为活扳手。（ ）

5. 棘轮扳手只能单向旋转，因此，一把棘轮扳手只能实现一个方向的拧紧或拧松。（ ）

6. 使用力矩扳手时，当听到"咔哒"一声响时，表示已设置好。（ ）

7. 套筒是上紧或卸松螺钉的一种专用工具。它有数个内五棱形的套筒，套筒的内五棱根据螺栓的型号依次排列，可以根据需要选用。（ ）

8. 在使用万用表测量电阻时，显示屏如果显示数值为 1，则表示测量量程选择过大。（ ）

9. 使用万用表测量电压时，应将黑表笔插进"COM"孔，红表笔插进"V Ω"孔。（ ）

10. 汽车空调系统 R12 制冷剂软管和 R134a 制冷剂软管可互换使用。（ ）

11. 启动汽车后打开空调系统，调整风量开关，设置为内循环模式，使制冷量最大，可以检测汽车空调系统压力是否符合标准。（ ）

12. 空气中的水蒸气在空调系统运行过程中会使制冷系统产生冰堵现象，使制冷效果变差或者不制冷。（ ）

13. 汽车空调系统抽真空 30 min，可以使制冷系统管路的真空度达到技术要求（75 cm Hg）。（ ）

14. 使用荧光检漏法检漏时，只要往汽车空调管路内加入荧光剂，就能马上找到泄漏位置。（ ）

15. 停止抽真空时应切断抽真空电源，再将高低压表下方手阀及抽真空手阀拧至"关"的位置，以免环境空气进入制冷系统管路。（ ）

四、简答题

1. 为什么不能使用呆扳手拧紧和拧松大力矩螺栓?

2. 选用拉拔器的原则是什么?

3. 汽车空调歧管压力表组由哪些元件组成?

4. 用于汽车空调制冷系统检漏的荧光检漏仪由哪些元件组成？

5. HL-100+ 电子检漏仪的操作面板上有哪些功能键？

6. 制冷剂加注阀的作用是什么？应如何使用制冷剂加注阀？

课题三　新能源汽车空调滤清器的检查与更换

一、填空题

1. 根据滤芯材料进行分类，汽车空调滤清器可分为____________和__________两大类。

2. 一般汽车空调滤清器的更换周期为汽车行驶________千米 / 次或________年 / 次。

3. 活性炭系列空调滤清器能利用______________本身的物理性能，吸附空气中其他____________和更多____________，其过滤效果要比普通型空调滤清器好得多。

4. 若使用的汽车空调滤清器通风__________或是空调滤清器使用__________未及时更换，将使空调系统的出风量不够大，制冷或制热____________。

5. 汽车空调滤清器一般安装在________________或________________处。

6. 若车辆使用时间较长，空调系统风道清洗后还是会有一定异味，可选用吸附能力强的__________________________。

7. 检查空调滤清器有无________________、________________、________________等情况，若有则应更换空调滤清器。

二、选择题

1. 下列不是汽车空调滤清器名称的是（　　）。

A. 花粉滤清器　　B. 空调滤芯

C. 冷气格　　D. 空气格

2. 普通型汽车空调滤清器不能去除的物质是（　　）。

A. 灰尘　　B. 颗粒物

C. 空气中的有害物质　　D. 以上都是

3. 不属于汽车空调滤清器可能安装位置的是（　　）。

A. 前风窗玻璃外侧进风槽内　　B. 驾驶位仪表板下方

C. 副驾驶位仪表板下方　　D. 以上都是

4. 用气枪清洁空调滤清器时，气枪与空调滤清器之间的最佳距离为（　　）。

A. 5 cm　　B. 10 cm

C. 15 cm　　D. 20 cm

5. 用压缩空气清洁汽车空调滤清器时，压缩空气气压以（　　）为宜。

A. 0.2 MPa　　B. 0.5 MPa

C. 1 MPa　　D. 1.5 MPa

三、判断题

1. 活性炭系列汽车空调滤清器的过滤效果比普通型汽车空调滤清器好。（　　）
2. 汽车空调滤清器可以用气枪进行清洁，也可以用干净的水清洗。（　　）
3. 安装汽车空调滤清器时，不需要区分安装方向。（　　）
4. 当汽车空调出风有较大异味或者明显感觉出风量小时，需要更换空调滤清器。（　　）

四、简答题

1. 汽车空调滤清器对汽车空调的使用有哪些影响？

2. 清洁汽车空调滤清器时有哪些注意事项？

3. 简述更换汽车空调滤清器的操作步骤。

课题四　新能源汽车空调的检漏与抽真空

一、填空题

1. 现代汽车空调中常用两种制冷剂，一种是__________，另一种是__________，目前在汽车上普遍使用的是________________。

2. 在一个标准大气压下，R12 制冷剂的沸点为________，凝固温度为__________；在一个标准大气压下，R134a 制冷剂的沸点为__________，凝固温度为____________。

3. 发动机转速在 2 000 r/min 左右，空调制冷系统处于全负荷运行时，一般高压侧压力值为______________，低压侧压力值为________________。

4. 空调制冷系统处于全负荷运行时，在内循环模式（环境温度为 30 ℃）下出风口温度为____ ℃以下，在外循环模式下环境温度与出风口温度差在______ ℃以上，说明制冷系统制冷效果良好。

5. 通过检测制冷系统压力判断制冷剂是否泄漏时，运行空调系统的操作步骤如下：启动发动机并热车至正常工作温度，开启空调系统的__________，按下________开关使空调压缩机工作，将空调进风模式选定为__________模式，鼓风机调速开关调至______

____位置，调温旋钮调至________位置，打开所有车窗，使制冷系统处于__________状态运行__________后，将发动机转速以__________运转__________，读取并记录高、低压侧压力表的读数并做记录。

6. 汽车空调制冷系统常见的泄漏部位有蒸发器、冷凝器、______________、____________、连接软管和________________等。

7. 汽车空调制冷系统制冷剂部分泄漏的检漏方法有________________、______________和________________三种。

8. 汽车空调制冷系统保压检漏有两种方法，其一是________________，其二是____________________。

9. 制冷系统抽真空检漏的方法是将歧管压力表组与系统高、低压检修阀连接好后，再连接好真空泵，开启真空泵对系统进行抽真空至真空度为__________，关闭歧管压力表组上的______________，关闭真空泵____________，保持__________以上，观察真空压力表压力是否回升。如________则表示空调系统泄漏，此时应进行检漏和修补；若真空压力表指针不动，则说明系统____________，可再抽真空__________后向系统内加注制冷剂。

10. 加压检漏法是向制冷系统加注一定压力的________后，一般保持________后观察系统压力值是否__________的一种检漏方法。若压力下降，可使用肥皂水检漏法检查确切的____________。

11. 使用制冷剂回收加注机对制冷系统进行抽真空的操作步骤如下：将制冷剂回收加注机与制冷系统连接好后，将制冷剂回收加注机电源线插头插到____________插座上，将电源开关打到__________，将______________打到“ON”，将______________拧至“开”位置，再将______________下方的手阀也拧到“开”位置，连续抽真空________以上，使机器上的高低压表指示真空度为______________时停止抽真空。

二、选择题

1. 目前，汽车空调采用的环保型制冷剂为（　　）。

A. R12　　B. R22

C. R134a　　D. 以上都是

2. 下列关于制冷剂的使用，说法不正确的是（　　）。

A. 制冷剂在一个标准大气压下会急剧蒸发制冷，与身体接触会冻伤皮肤，添加时要避免其与身体接触，尤其是避免制冷剂喷到眼睛里

B. 尽管 R12 制冷剂无毒或低毒，但与火焰接触时会产生毒气

C. 制冷剂的加注、回收、排放等操作应在通风条件良好的场所进行

D. R134a 制冷剂与 R12 制冷剂可混用

3. 可通过运行汽车空调制冷系统，观察储液干燥器上的视液镜来判断制冷剂量是否合适，以下（　　）图所示说明制冷剂量是合适的。

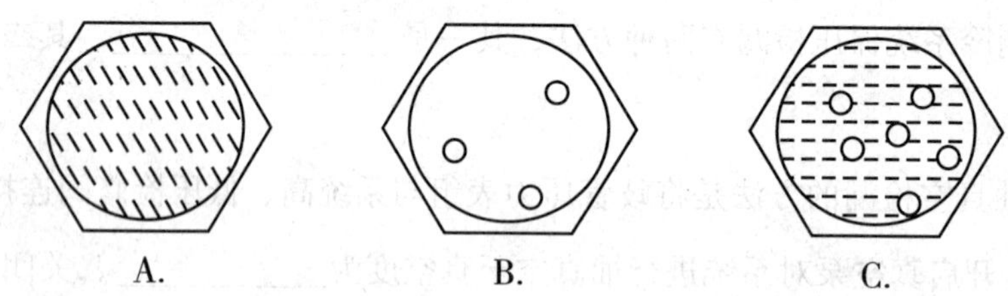

4. 下列不属于制冷剂部分泄漏的检漏方法的是（　　）。

A. 目视检漏法　　B. 肥皂水检漏法

C. 电子检漏仪检漏法　　D. 保压检漏法

5. 采用加压法对汽车空调制冷系统进行检漏时，需向系统中注入氮气，使其压力为（　　）MPa。

A. 1.2 ~ 1.5　　B. 0.2 ~ 0.5

C. 0.5 ~ 1.5　　D. 1.5 ~ 2.5

6. 汽车空调制冷系统检修后，向系统加注制冷剂前必须先对系统抽真空，抽真空的时间一般以（　　）min 为宜。

A. 1 ~ 2　　B. 5 ~ 10

C. 15 ~ 30　　D. 30 ~ 45

7. 在汽车制冷循环系统中，被吸入压缩机的制冷剂是（　　）状态。

A. 低压液体　　B. 高压液体

C. 低压气体　　D. 固体

8.（　　）在汽车制冷系统中冷却吸热、冷凝放热，起着极其重要的作用。

A. 制冷剂　　B. 冷凝剂

C. 化学试剂　　D. 冷却剂

9. 制冷剂离开压缩机时的状态为（　　）。

A. 低压过热蒸气　　B. 低压过冷蒸气

C. 高压过热蒸气　　D. 高压过冷蒸气

10. 检查汽车空调压缩机性能时，应使发动机转速达到（　　）r/min。

A. 1 000　　B. 1 500

C. 1 600　　D. 2 000

11. 用万用表测量汽车空调出风口温度时，温度传感器应放在（　　）。

A. 驾驶室内　　B. 驾驶室外

C. 高压管路内　　D. 风道内

12.（　　）用来吸收汽车空调系统制冷剂中的水分。

A. 储液干燥器　　B. 冷凝器

C. 膨胀阀　　D. 蒸发器

13.（　　）是向系统充注氟利昂蒸气，使系统压力高达 0.35 MPa，然后再用卤素灯检漏仪检漏。

A. 抽真空　　B. 充氟试漏

C. 加压　　D. 测试压力

14. 汽车空调系统低压压力开关在（　　）起作用。

A. 系统压力过高时　　B. 系统压力过低时

C. 系统压力过高或过低时　　D. 以上都不对

三、判断题

1. R134a 制冷剂无色、无味、无毒、不易燃，一般情况下对金属或橡胶无腐蚀作用，但它会破坏大气臭氧层，因此不是一种环保型制冷剂。（　　）

2. 制冷剂易挥发，在保管时应避开日光直射、火炉及其他热源，添加制冷剂应在阴凉处进行。（　　）

3. 制冷剂加注、回收、排放等操作应在通风条件良好的场所进行。（　　）

4. 采用 R134a 制冷剂和 R12 制冷剂的两种制冷系统中的密封件、橡胶软管、检测仪表和加注工具等均可混用。（　　）

5. 通过运行空调系统观察视液镜情况判断制冷剂量时，当看到视液镜几乎透明，有少量气泡生成，但随着发动机转速升高而逐渐消失时，属于制冷剂量正常情况。（　　）

6. 用制冷系统歧管压力表组检测制冷系统运行时高低压侧的压力值来判断制冷剂是否泄漏：静态压力值一般为 0.7 ~ 0.8 MPa；发动机转速在 2 000 r/min 左右，空调制冷系统处于全负荷运行时高、低压侧压力值分别为 1.5 ~ 2.0 MPa、0.15 ~ 0.25 MPa。 (　　)

7. 使用荧光检漏法对制冷系统检漏时，应启动发动机，打开空调系统，让空调系统压缩机运行 10 min 以上，使荧光剂充分循环。 (　　)

8. 向汽车空调制冷系统加注制冷剂之前，应对系统抽真空，使其真空度为 30 cmHg 左右。 (　　)

9. 对制冷系统进行充氮气加压检漏时，若系统在 48 h 内压力无明显下降，则说明制冷系统无泄漏。 (　　)

10. 在进行空调系统检修时，抽真空之前应进行泄漏检查。 (　　)

四、简答题

1. 汽车空调制冷系统常见的泄漏部位有哪些？

2. 汽车空调制冷系统的检漏方法有哪几种？

3. 如何使用电子检漏仪对汽车空调制冷系统进行检漏？

4. 如何使用荧光检漏仪对汽车空调制冷系统进行检漏?

5. 如何对汽车空调制冷系统进行加压检漏?

6. 如何使用歧管压力表组对汽车空调制冷系统进行抽真空？

7. 如何使用制冷剂回收加注机对汽车空调制冷系统进行抽真空？

课题五　新能源汽车空调制冷剂的加注与回收

一、填空题

1. 温标有________、__________、__________三种。

2. 15 ℃=________ ℉ =________K。

3. 1 MPa=__________kPa，1 MPa=________bar，1 MPa=______psi，1 kgf/cm^2=______MPa=______bar=______psi。

4. 绝对压力 =__________+_________________。

5. 歧管压力表组可用于_______________、______________、_______________、放空或排出制冷剂。

6. 目前，汽车空调制冷系统均使用_____________制冷剂，必须选用 R134a 制冷剂专用_____________；R134a 制冷剂专用压力表组不能用于加注_______________的制冷剂。

7. 制冷剂加注阀用于_________________的中间软管，开启制冷剂瓶将_____________制冷系统；与制冷剂瓶连接前注意将_______________，以防止没连接好之前将制冷剂瓶刺穿，导致制冷剂泄漏_____________操作者。

8. 一般轿车制冷剂的加注量为__________，具体车型加注量以维修手册标准为准。

9. 加注气态制冷剂时，制冷剂罐__________，保持空调压缩机处于____________，使低压侧产生_____________，制冷剂从_____________注入；高压表侧__________需完全关闭，否则高压侧制冷剂会被充入制冷剂瓶内，发生危险。

10. 汽车空调处于全负荷工作时，通过检测制冷系统高低压侧____________和出风口__________来评价制冷剂加注量是否达标，若高低压侧压力值符合维修手册的规定值（1.5 ~ 1.8 MPa/0.18 ~ 2.2 MPa），环境温度与出风口温度差_____________，则表明制冷剂加注量达标。

11. 制冷剂回收常见的方法有_____________和____________两种，目前汽修行业常用_______________。

12. 通常回收后的制冷剂要求不能继续__________，其回收过程中因操作不当或管理不善会造成制冷剂质量____________，因此最好将回收的制冷剂进行______________。

二、选择题

1. 对汽车空调加注制冷剂前，应准备（　　）。

A. 车辆　　B. 工具、仪器

C. 材料　　D. 以上都需要

2. 歧管压力表组有（　　）的功用。

A. 对制冷系统进行压力检测　　B. 对制冷系统抽真空

C. 为制冷系统加注制冷剂　　D. 以上都对

3. 在汽车空调系统中，（　　）将系统的低压侧与高压侧分隔开。

A. 空调压缩机　　B. 干燥罐

C. 蒸发器　　D. 冷凝器

4. 制冷剂进入压缩机时的状态为（　　）。

A. 低压过热蒸气　　B. 低压过冷蒸气

C. 高压过热蒸气　　D. 高压过冷蒸气

5. 检查汽车空调制冷剂量时，应使发动机转速达到（　　）r/min。

A. 1 000　　B. 1 500

C. 1 600　　D. 2 000

6. 在汽车空调的组成部件中，（　　）可以根据制冷负荷自动调节制冷剂的流量，达到控制车内温度的目的。

A. 压缩机　　B. 冷凝器

C. 膨胀阀　　D. 蒸发器

7. 使用汽车空调时，下列选项中（　　）会影响制冷效果。

A. 乘客过多　　B. 汽车行驶过快

C. 大负荷　　D. 门窗关闭不严

8. 汽车空调操纵面板上的 A/C 开关是用来控制（　　）系统的。

A. 采暖　　B. 通风

C. 制冷　　D. 转换

9. 在汽车空调系统中，为制冷循环提供动力的部件是（　　）。

A. 冷凝器　　B. 压缩机

C. 储液干燥器　　D. 蒸发器

10. 在汽车制冷循环系统中，经膨胀阀送往蒸发器管道中的制冷剂是（　　）状态。

A. 高温高压液体　　B. 低温低压液体

C. 低温高压气体　　D. 高温低压液体

三、判断题

1. 膨胀阀开度过小，一般高、低压侧压力均低，空调制冷不足。（　　）

2. 如果制冷系统中制冷剂泄漏速度很慢，对冷冻机油泄漏影响不大。（　　）

3. 如发现空调压缩机排气压力过高，不能正常制冷，冷凝器导管外部有结霜、结冰现象，说明冷凝器导管内部脏堵。（　　）

4. 一般汽车制冷系统均使用 R134a 制冷剂，必须选用 R134a 制冷剂专用压力表组；R134a 制冷剂专用压力表组也可用于加注其他类型的制冷剂。（　　）

5. R12 制冷剂会破坏大气的臭氧层，已被禁止使用。（　　）

6. 加注液态制冷剂时，要保持空调压缩机工作，制冷剂从高压管路注入，低压表侧管路关闭，制冷剂罐倒置。（　　）

7. 加注制冷剂过程中如发现无法加注进去或压力表压力值一直不变，要注意检查各阀体及表座接头是否产生油堵。（　　）

8. 在排放制冷剂特别是排放 R12 制冷剂时，周围环境要通风良好。（　　）

9. 排放制冷剂时不要靠近明火，避免制冷剂产生有毒的气体。（　　）

10. 排放制冷剂时要着车排放，注意要缓慢地打开高压手动阀，避免将冷冻机油与制冷剂一起排出。（　　）

11. 排放制冷剂时注意不要被制冷剂冻伤，如不小心冻伤，应马上用清水冲洗或到医院检查。（　　）

四、简答题

1. 如何评价汽车空调系统制冷剂加注量是否达标？

2. 向汽车空调制冷系统加注制冷剂时需要哪些工具、仪器及耗材?

3. 如何使用歧管压力表组给汽车空调加注制冷剂?

4. 为汽车空调加注制冷剂时有哪些注意事项?

5. 简述使用歧管压力表组排放汽车空调制冷剂的操作步骤。

6. 简述使用制冷剂回收加注机回收汽车空调制冷剂的操作步骤。

课题六　新能源汽车空调冷冻机油的补充与更换

一、填空题

1. 汽车空调制冷系统中的冷冻机油有__________、__________和__________等作用。

2. 国内冷冻机油的牌号有四种，即__________、__________、__________和__________。牌号越大，其黏度也越大。

3. 进口冷冻机油一般有__________、__________和__________三种。

4. 检查制冷系统冷冻机油油量的方法有______________和______________。

5. 冷冻机油的质量可以通过________和__________分析并检验其质量好坏。在使用过程中，还可从外观的________、________直观地判断出其质量好坏。一般冷冻机油为____________、无味的液体；混入杂质之后变成________________，并且可能有一定的__________。常用的检查方法有滴纸法和对比法。

6. 压缩机冷冻机油的加注方法主要有三种：一是__________，二是__________，三是________________，可根据具体情况灵活进行。

7. 汽车空调制冷系统更换零件或检修后需补充冷冻机油，请以丰田卡罗拉轿车为例，在下表中填写各部位冷冻机油的添加量。

	丰田卡罗拉轿车空调系统					
	冷凝器	蒸发器	储液干燥器	制冷剂管路	压缩机	系统泄漏检修时
冷冻机油添加量					新压缩机总冷冻机油量 – 各元件冷冻机油油量	

二、选择题

1. 下列对制冷系统冷冻机油性能的要求中，说法不正确的是（　　）。

A. 冷冻机油的凝固点要低，在低温下具有良好的流动性

B. 冷冻机油应无水分

C. 冷冻机油的挥发性要好

D. 冷冻机油的化学性质要稳定

2. 下列有关冷冻机油的使用注意事项中，说法不正确的是（　　）。

A. 不能使用变质混浊的冷冻机油，否则会影响压缩机的正常运转

B. 冷冻机油易吸水，使用后应马上将盖拧紧

C. 在加注制冷剂时，应先加注冷冻机油，然后再加注制冷剂

D. 在排放制冷剂时可快速排放，以节约时间

三、判断题

1. 不同牌号的冷冻机油可以混用，不会变质。（　　）

2. 不允许向系统添加过量的冷冻机油，否则会影响汽车空调制冷系统的制冷量。 ( )

3. 更换制冷系统部件时，应适当补充一定量的冷冻机油。 ( )

4. 冷冻机油应具有一定的黏度，且受温度的影响要大。 ( )

5. 冷冻机油与制冷剂的溶解性能要好。 ( )

6. 装复蒸发器时，膨胀阀和感温包要敷好保温材料，蒸发器内要加注一定量的冷冻机油。 ( )

四、简答题

1. 以从低压侧加注冷冻机油为例，简述加注冷冻机油的操作流程。

2. 简述制冷系统冷冻机油的更换操作步骤。

模块三
新能源汽车空调系统检测与修复

课题一　电动汽车空调系统结构组成与拆装

一、填空题

1. 压缩机根据运动形式通常可分为__________和__________两大类。

2. 摇板式压缩机的气缸循环包括__________、__________、__________、__________等过程。

3. 斜盘式压缩机前后布置__________组气缸，均以压缩机__________为中心均匀布置。

4. 电动涡旋式压缩机主要由高低压插件、__________、__________、__________等部件组成。

5. 冷凝器有__________、__________、__________三种结构形式。

6. 储液干燥器串联在冷凝器与膨胀阀之间的管路上，其作用为__________、__________、__________制冷剂中的杂质。

7. 常用的膨胀阀有__________和__________，__________有外平衡和内平衡两种形式。

二、选择题

1. 摇板式压缩机的一个摇板配有五个活塞，主轴转动一周时，需完成（　　）次排

气过程。

A. 三　　B. 四

C. 五　　D. 六

2. 斜盘式压缩机缸体截面上均匀布置有五个气缸和五个双向活塞，当主轴旋转一周时，有（　　）次排气过程。

A. 一　　B. 五

C. 十　　D. 十五

3. 下列关于涡旋式压缩机的旋转涡管和固定涡管的描述中，错误的是（　　）。

A. 两者偏心配置且相互错开啮合

B. 固定涡管静止不动

C. 旋转涡管只有自转，无公转

D. 旋转涡管在专门旋转机构的约束下，由曲柄轴带动做偏心回转运动

4. 涡流式压缩机的整个工作过程是连续的，不断重复按顺序完成（　　）。

A. 吸气过程、压缩过程、排气过程

B. 吸气过程、压缩过程、膨胀过程

C. 膨胀过程、吸气过程、排气过程

D. 吸气过程、排气过程、膨胀过程

5. 蒸发器通常安装在仪表板后的风箱内，下列选项中（　　）不是其结构形式。

A. 管片式　　B. 管带式

C. 层叠式　　D. 平流式

6. 下列关于膨胀阀的描述中，错误的是（　　）。

A. 膨胀阀具有节流降压、自动调节、防止液击和过热等作用

B. 内平衡式热力膨胀阀安装在蒸发器的出口管上

C. H 形膨胀阀取消了外平衡管和感温包，直接与蒸发器进出口相连

D. 外平衡式热力膨胀阀通过外平衡管感受出口制冷剂压力

7. 从冷凝器来的液态制冷剂，经过滤网和干燥剂去除杂质和水分后，进入（　　）。

A. 膨胀阀　　B. 蒸发器

C. 压缩机　　D. 散热器

8. 下列关于冷凝器拆装的说法中，描述错误的是（　　）。

A. 冷凝器拆装前需要对制冷剂和冷冻机油进行回收

B. 松开冷凝器进、排气管螺母后，需迅速将进、排气管口密封

C. 冷凝器安装后需检查各连接处有无制冷剂泄漏

D. 更换新冷凝器后，用工具拧紧冷凝器固定螺栓即可

9. 平行流式冷凝器与管带式冷凝器相比较，其放热性能提高了（　　），通路阻力降低了（　　），内容积减少了（　　）。

A. 20%～30%　25%～33%　20%　　B. 30%～40%　20%～35%　20%

C. 30%～40%　25%～33%　20%　　D. 30%～40%　25%～33%　30%

三、判断题

1. 电动涡旋式压缩机完成吸气、压缩、排气的整个工作过程是间断的。（　　）

2. 蒸发器的作用是让低温低压的液态制冷剂在其管道中吸热蒸发，使蒸发器和周围空气的温度降低。（　　）

3. 外平衡式热力膨胀阀膜片下面通过外平衡管与蒸发器出口相通，感受进口制冷剂的压力。（　　）

4. 斜盘式压缩机的斜盘每转动一周，前后两个活塞各自完成吸气、压缩、膨胀过程。（　　）

5. 在拆装电动压缩机前不需要对系统内的制冷剂和冷冻机油进行回收。（　　）

6. 通过储液干燥器上方的观察窗可以观察制冷剂的流动情形，从而判断系统中制冷剂量是否正常。（　　）

7. 管带式冷凝器的传热效率比管片式冷凝器提高了15%～20%，是目前较先进的汽车空调冷凝器。（　　）

8. 北汽EV160汽车电动空调系统膨胀阀应用的是外平衡式热力膨胀阀。（　　）

四、简答题

1. 简述膨胀阀的作用及分类。

2. 简述层叠式蒸发器的结构组成。

3. 简述电动涡旋式压缩机的结构与工作原理。

4. 简述北汽 EV160 汽车空调压缩机的拆装过程。

5. 简述北汽 EV160 汽车空调冷凝器的拆装过程。

课题二　电动汽车空调制冷控制系统检测与修复

一、填空题

1. 电动汽车空调制冷控制系统由______________、______________和____________组成。

2. 车内温度传感器也称室内温度传感器，是自动空调的重要传感器之一，按照强制导向气流方式不同，车内温度传感器可分为__________车内温度传感器和____________车内温度传感器两种。

3. 自动空调系统所采用的车内温度传感器都采用负温度系数的热敏电阻，也就是热敏电阻值随着温度的升高，电阻会________；随着温度的降低，电阻会__________。

4. 空调压力传感器安装在__________管路上，其作用是检测制冷管路系统压力。

5. 混合门电动机分为直流电动机、____________、____________三种。

6. 在空调的使用过程中，剩余电量小于5%时，VCU会关闭空调，以防止_____________。

7. 电动压缩机控制器根据VCU传来的____________、____________、鼓风机信号以及各种传感器传来的____________、车外温度、____________等参数自动控制____________________，从而调节蒸发器表面温度，并防止蒸发器表面结冰，达到调节空调制冷剂量的目的。

8. 空调ECU与操纵面板制成一体，也叫微电脑或单片机，分为______________和____________两种类型。

9. 整车控制器VCU通过数据总线__________、__________与空调压缩机控制器相连接，再由压缩机控制器控制空调压缩机的高压电源线DC+与DC–通断。

10. 在空调的使用过程中，剩余电量________或者最大可放电功率小于__________时，VCU 会关闭空调，以防止动力蓄电池过放电。

二、选择题

1. 汽车静止时，当电动汽车动力蓄电池电量低于（　　）时，VCU 会关闭空调，以防止动力蓄电池过放电。

A. 3%　　B. 5%

C. 10%　　D. 15%

2. 当车辆处于充电模式下时，VCU 根据电池管理系统（BMS）CAN 总线获取动力蓄电池剩余电量，为防止动力蓄电池因空调系统工作而造成过放电，当动力蓄电池剩余电量低于（　　）时，禁止使用空调。

A. 3%　　B. 5%

C. 10%　　D. 15%

3. 下列选项中，（　　）不是电动汽车空调制冷系统的组成部分。

A. 蒸发器　　B. 电动压缩机

C. 电磁离合器　　D. 鼓风机

4. 进入压缩机的是（　　）状态的制冷剂。

A. 液体　　B. 气体

C. 混合体　　D. 胶状体

5. 下列选项中，（　　）不是电动汽车空调制冷系统的输入单元。

A. 鼓风机　　B. 空调压力传感器

C. 日照辐射传感器　　D. 蒸发器温度传感器

6. 下列选项中，（　　）不是电动汽车空调制冷系统的执行器。

A. 模式门电动机　　B. 鼓风机

C. 车内温度传感器　　D. 电动压缩机

7. 纯电动汽车空调压缩机靠（　　）驱动。

A. 专门电动机　　B. 整车驱动电动机

C. 发动机　　D. 空调鼓风机电动机

8. 用万用表测量电动压缩机低压连接器 5 号脚与 6 号脚之间的电阻，其电阻值约为

(　　)。

A. 0　　　　B. 180 Ω

C. 无穷大　　　　D. 60 Ω

9. 一辆电动汽车的空调系统不制冷，启动时压缩机有轻微抖动，电源电流有变化，随后电流降为零，造成此故障的原因可能是(　　)。

A. 欠压保护启动　　　　B. 压缩机卡滞、损坏

C. 电动机过流保护　　　　D. 控制电源电压不足

10. 在空调启动的时候听到电动压缩机发出异响，下列选项中(　　)不是造成电动压缩机异响的原因。

A. 电动机缺相　　　　B. 过流保护启动

C. 插接件端子接触不良或松脱　　　　D. 缺少冷冻机油

三、判断题

1. 新能源汽车空调系统采用的压缩机为电动压缩机，其控制原理与传统空调压缩机相同。(　　)

2. 混合门电动机驱动混合门通过改变进入车内的冷气和热气的比例来调节车内的空气温度。(　　)

3. 夏季汽车长时间停驻在高温环境下时，鼓风机可以立刻启动。(　　)

4. 当电动汽车动力蓄电池电压低于 260 V ± 5 V 时，打开空调制冷系统，此时电动压缩机仍能正常工作。(　　)

5. 新能源汽车电动空调工作时，听不到电动压缩机启动的声音，而且仪表板上电源电流无变化，则能判断电动压缩机不工作。(　　)

6. 缺少冷冻机油时，电动压缩机能正常工作。(　　)

7. 在对电动汽车空调制冷系统进行维修时，不需要戴绝缘手套。(　　)

8. 冬天打开电动汽车空调制冷系统，电动压缩机可以正常工作。(　　)

9. 鼓风机在启动时，工作电流会比稳定工作时大很多，为了防止烧坏鼓风机控制装置，不论鼓风机目标转速多少，在鼓风机启动时为低速运转，然后才逐步升高至目标转速。(　　)

四、简答题

1. 简述电动汽车空调制冷控制系统的工作原理。

2. 简述蒸发器温度传感器的作用。

3. 简述电动压缩机控制与传统空调压缩机控制的区别。

4. 简述电动压缩机的欠电压和过电压保护。

5. 简述对电动压缩机高压线 A、B 线束进行检测的过程。

6. 导致电动压缩机异响的故障原因有哪些？

课题三　电动汽车空调暖风系统检测与修复

一、填空题

1. 电动汽车空调暖风系统的主要作用有____________、______________和____________。

2. 电动汽车空调暖风系统通常利用________、____________和__________来产生暖风。

3. 电动热泵式空调系统主要由__________、__________、________、__________、__________、____________和____________等组成。

4. PTC 加热器的电阻随温度变化而急剧变化，当外界温度降低时，PTC 电阻值随之____________，发热量会____________。

5. 空调 PTC 加热器可分为______________和________________。

6. PTC 加热器的传导方式有____________、____________和____________。

7. ______________是过载保护 PTC 热敏电阻的重要参考特性。

8. PTC 热敏电阻的伏安特性大致可分为三个区域：____________、______________和____________。

9. 北汽 EV160 汽车电动空调暖风 PTC 控制器安装在____________中，具有____________、____________、欠电压过电压保护等措施。

10. 北汽 EV160 汽车电动空调暖风系统中温度传感器检测加热本体的温度，控制加热器__________和__________。

二、选择题

1. 北汽 EV160 汽车空调暖风系统 PTC 加热器一般采用（　　）形式。

A. 加热冷却液　　　　B. 加热空气

C. 加热油　　　　D. 加热水

2. HVAC 总成是供热、通风与（　　）调节的英文缩写。

A. 冷却液　　B. 水

C. 空气　　D. 油

3. PTC 加热器的输出功率会随环境温度的升高而（　　）。

A. 明显降低　　B. 明显升高

C. 基本不变　　D. 无法确定

4. 额定零功率电阻 R25 是指环境温度（　　）℃条件下测得的零功率电阻值。

A. 35　　B. 20

C. 25　　D. 40

5. 正常情况下，电动汽车在关闭点火开关后，高压系统（　　）高压电。

A. 不存在　　B. 存在

C. 可能存在　　D. 无法确定

三、判断题

1. 无论利用何种热源，热量都通过热交换装置传递给空气，并通过鼓风机把热空气送入车厢内。（　　）

2. 电动汽车空调暖风系统与传统汽车空调暖风系统没什么区别。（　　）

3. PTC 加热器的输出功率会随环境温度的升高而升高。（　　）

4. PTC 加热器不能起到功率自动调节的作用。（　　）

5. PTC 热敏电阻元件具有随环境温度高低的变化，其电阻值随之增加或减小的变化特性。（　　）

6. 黏结式陶瓷 PTC 加热器是将多个陶瓷 PTC 芯片及铝波纹散热片用耐高温树脂胶黏结在一起的加热器，其散热性好，电气性能稳定。（　　）

7. 金属 PTC 管状加热器采用镍铁合金丝为发热材料，发热管外镶铝散热片，其散热效果较差。（　　）

8. PTC 热敏电阻的伏安特性大致可分为三个区域：线性区、跃变区和击穿区。（　　）

9. 正常情况下，在点火开关关闭后，高压系统中就不存在高压电。（　　）

10. 在拆卸 PTC 加热器时，可以不用戴绝缘手套。（　　）

四、简答题

1. 简述 PTC 加热器的特性。

2. 简述电动汽车热泵式空调系统的制热原理。

3. 简述电动汽车空调暖风系统的故障排除流程。

4. 分析电动汽车空调暖风系统 PTC 不工作，启动功能设置后仍为凉风的故障原因，并简要介绍检测及排除步骤。

5. 分析电动汽车空调暖风系统 PTC 过热，出风口温度异常升高或从空调出风口嗅到塑料焦煳气味的故障原因，并简要说明检测及排除步骤。

6. 简述 PTC 加热器的检测过程。

模块四
新能源汽车空调系统故障诊断与检修

课题一　电动汽车空调系统故障诊断

一、填空题

1. 使用道通汽车智能诊断系统 MS908 时，在选择车型的过程中，有________选择和________选择。

2. 采用自动选择车型时，需要输入待检车型的______________。

3. 选择好车型后，进入“诊断”界面后，有__________、底盘模块、__________、防盗模块和网关模块以供选择。

4. 进入车身模块后，检查空调系统的选项主要有空调控制器、________________、空调水加热器以及______________选项。

5. 在用诊断系统检查车辆时，如果没有查到有 DTC，那么应该________________。

二、选择题

1. 进入道通汽车智能诊断系统 MS908 诊断界面后，通过（　　）模块进入空调系统进行检测。

A. 动力　　　　B. 网关

C. 车身　　　　D. 底盘

2. 汽车上的 OBD Ⅱ接口在车上的（　　）位置。

A. 前机舱熔丝盒　　　　B. 车内仪表板下方

C. 副驾驶杂物箱内　　　　D. 行李舱

3. 在比亚迪 e5 汽车空调系统故障诊断流程中，汽车故障分析完之后要进行的步骤是（　　）。

A. 检查 DTC　　　　B. 查阅故障症状表

C. 总体分析与故障排除　　　　D. 检查动力蓄电池电压

4. 在比亚迪 e5 汽车空调系统故障诊断流程中，检查 DTC 后，以下选项中不是下一个步骤的是（　　）。

A. 有 DTC 输出　　　　B. 无 DTC 输出

C. 调整并维修更换　　　　D. 查看故障症状表

5. 在空调压缩机的常见故障中，驱动控制器无法工作、电动空调压缩机不工作的原因不包括（　　）。

A. 欠压保护启动　　　　B. 12 V 控制电源未通入驱动控制器

C. 控制电源电压不足或超压　　　　D. 插接件端子接触不良或松脱

6. 在 PTC 水加热器的常见故障中，当空调不制暖时，所采取的方法不正确的是（　　）。

A. 拆下 PTC，用万用表检查 PTC 高压端两端电阻

B. 检查动力蓄电池螺钉的紧固情况

C. 检查高压互锁及 PTC 低压控制线路

D. 检查空调 32 A 总熔丝

7. 以下选项中，故障部位不属于电动压缩机的是（　　）。

A. 左侧散热片温度传感器断路故障　　　　B. 电动机缺相故障

C. 启动失败故障　　　　D. 转速异常故障

8. 以下选项中，故障部位属于电动压缩机的是（　　）。

A. 负载电压过压故障　　　　B. 负载过大故障

C. 负载电压低压故障　　　　D. 内部低压电源故障

9. 对于电动空调压缩机无启动声音、电源电流无变化的故障，以下选项中，处理方法不正确的是（　　）。

A. 检查驱动控制器的控制电源插头端子是否松脱

B. 检查控制电源到驱动控制器之间的导线是否断路

C. 测量控制电源电压是否达到要求（对 DC 12 V 控制电源驱动控制器，控制电源至少大于 9 V，不得高于 15 V）

D. 检查高压空调主熔丝

10. 对于电动空调压缩机无启动声音、电源电流无变化、高压端口电压不足或无法供电的故障，以下选项中，故障原因分析正确的是（　　）。

A. 冷凝器风机未正常工作，系统压差过大导致的过流保护启动

B. 驱动控制器未接收到空调系统的 A/C 开关信号

C. 欠压保护启动

D. 电动机缺相

三、判断题

1. 电动空调压缩机常见故障有驱动控制器正常工作，电动空调压缩机不正常工作。（　　）

2. 在电动空调压缩机常见故障中，驱动控制器未接收到空调系统的 A/C 开关信号的处理方法是检查高压空调主熔丝。（　　）

3. 在电动空调压缩机常见故障中，当电动空调压缩机启动时有轻微抖动，电源电流有变化，随后变为零，引起故障的原因是驱动控制器未接收到空调系统的 A/C 开关信号。（　　）

4. 出现“负载过大故障”故障码属于压缩机故障。（　　）

5. 出现“与 PTC 失去通信故障”故障码属于 CAN 通信故障。（　　）

四、简答题

1. 简述比亚迪 e5 汽车空调系统的故障诊断流程。

2. 电动空调压缩机无法正常启动的原因有哪些？

3. 简述引起电动空调压缩机发出异常声音的原因及处理方法。

4. 简述驱动控制器无法工作、电动空调压缩机不工作的处理方法。

5. 简述使用道通汽车智能诊断系统 MS908 读取空调压缩机故障码的操作步骤。

课题二　电动汽车空调系统常见故障检修

一、填空题

1. 若电动压缩机压力过高，压缩机会进入________________。

2. 模块四课题二案例二“比亚迪 e5 汽车制冷不足故障的检修”中高低压侧压力均

为 1.4 MPa 左右，属于____________。

3. 模块四课题二案例三“比亚迪 e5 汽车空调系统不制暖故障的检修”中单独读取电池管理系统（BMS）数据流：绝缘电阻值为 112 kΩ（正常值为 20 MΩ）、高压系统状态显示为________________。

4. 模块四课题二案例三“比亚迪 e5 汽车空调系统不制暖故障的检修”中的故障码为：P1A0100 一般漏电故障，此故障码是在____________报出的。

二、选择题

1. 下列选项中，（　　）为比亚迪 e5 汽车空调 PTC 熔丝的规格。

A. 100 A　　B. 50 A

C. 32 A　　D. 80 A

2. 通过读取空调控制器数据流，可知系统管路的静态压力正常值为（　　）。

A. 1.4 MPa　　B. 0.7 MPa

C. 2.5 MPa　　D. 1.2 MPa

3. 通过读取空调系统其他数据流，可知电子膨胀阀的开度正常值为（　　）。

A. 10%　　B. 9%

C. 15%　　D. 18%

4. 在模块四课题二案例一“比亚迪 e5 汽车空调系统不制冷故障的检修”中，抽真空加注的制冷剂型号及质量标准为（　　）。

A. R410A，430 g　　B. R12，200 g

C. R134a，430 g　　D. R410A，200 g

5. 在模块四课题二案例一“比亚迪 e5 汽车空调系统不制冷故障的检修”中，测量故障的电动压缩机高压正负极电阻为（　　）。

A. 无穷大　　B. 10 kΩ

C. 10 MΩ　　D. 10 Ω

三、判断题

1. 空调子网故障会引起空调不工作。（　　）

2. 空调管路压力异常属于空调系统的电子控制故障。（　　）

3. 蒸发器故障会引起系统报一般漏电。 ( )

4. PTC 高压互锁端子接触不良会造成系统报严重故障。 ( )

5. 电动压缩机高压供电故障会引起空调不制冷。 ( )

四、简答题

1. 结合模块四课题二案例一“比亚迪 e5 汽车空调系统不制冷故障的检修”，分析汽车的高压供电正常而空调系统运转不正常的情况，说明空调不工作的原因可能有哪些。

2. 结合模块四课题二案例二“比亚迪 e5 汽车制冷不足故障的检修”，分析电动汽车空调制冷不足的原因可能有哪些。

3. 结合模块四课题二案例二“比亚迪 e5 汽车制冷不足故障的检修”，分析电子膨胀阀的工作原理。

4. 画出电子膨胀阀的控制线路图。

5. 在模块四课题二案例三“比亚迪 e5 汽车空调系统不制暖故障的检修”中，报出动力系统故障的原因有哪些?

综合试卷（一）

一、填空题（每空 1 分，共 40 分）

1. 新能源汽车空调的功用是调节______________，调节______________，调节______________，__________________。

2. 新能源汽车空调系统主要由_____________、______________、______________、______________和______________组成。

3. 温度选择旋钮分为蓝色区域和红色区域，蓝色区域为______________模式，红色区域为______________模式。

4. 钳子的种类有______________、鲤鱼钳、斜嘴钳、______________、扁嘴钳、针嘴钳、断线钳、______________、管子钳、打孔钳等。

5. 歧管压力表组一般有两个表头，蓝表头是__________，红表头是__________。

6. 汽车空调制冷系统在检修或更换元件后，系统管路中会存在一定的空气，空气中的水蒸气在空调系统运行过程中会使制冷系统产生__________，使制冷效果变差或者不制冷，因此，在对空调制冷系统检修后、加注制冷剂前，应先对系统进行__________操作。

7. 制冷剂回收加注机兼有____________、抽真空、__________和______________等功能。

8. 根据滤芯材料进行分类，汽车空调滤清器可分为___________和____________两大类。

9. 一般汽车空调滤清器的更换周期为汽车行驶________千米 / 次或________年 / 次。

10. 空调制冷的四个基本过程为________、________、________、________。

11. 汽车空调制冷系统制冷剂部分泄漏的检漏方法有____________、____________和____________三种。

12. 目前，汽车空调制冷系统均使用____________制冷剂，必须选用R134a制冷剂专用____________；R134a制冷剂专用压力表组不能用于加注____________的制冷剂。

13. 电动涡旋式压缩机主要由高低压插件、____________、____________、____________等组成。

14. 汽车自动空调控制系统由______________、______________和______________组成。

二、选择题（每题1分，共20分）

1. PTC是一种典型的具有温度敏感性的半导体电阻，超过一定的温度（居里温度）时，它的电阻值随着温度的升高呈阶跃性的（　　）。

A. 降低　　B. 不变

C. 升高　　D. 无法确定

2.（　　）作为信息采集部件，将制冷情况、车内外温度和其他有关信息输入到VCU中。

A. 传感器　　B. 各种阀

C. 电动机　　D. 自诊断系统

3. 后风窗玻璃和倒后镜采用电加热式装置的目的是（　　）。

A. 保暖　　B. 除雾

C. 除污渍　　D. 让雨水更快流下

4. 汽车内相对湿度一般保持在（　　）。

A. 25%　　B. 30%～70%

C. 90%　　D. 以上均不正确

5. 图标 　　表示的含义为（　　）。

A. 后视镜加热　　B. 制冷开关

C. 内外循环切换开关　　D. 温度选择开关

6. 下列关于拉拔器的说法中错误的是（　　）。

A. 用于取下在轴上固定较紧的齿轮的工具

B. 应使夹具压紧被拆的零件，使用螺杆压力尽量大的拉拔器

C. 拉拔器旋转费力时可以用锤子轻轻敲打

D. 拉拔器要做到定期保养润滑，保持螺纹旋转顺畅

7. PTC 是一种典型的具有温度敏感性的半导体电阻，超过一定的温度（居里温度）时，它的电阻随着温度的升高呈阶跃性的（　　）。

A. 降低　　B. 不变

C. 升高　　D. 无法确定

8. 歧管压力表组不能实现的功能是（　　）。

A. 测量空调系统压力　　B. 测定空调系统温度

C. 抽真空　　D. 加注制冷剂

9. 普通型汽车空调滤清器不能去除的物质是（　　）。

A. 灰尘　　B. 颗粒物

C. 空气中的有害物质　　D. 以上都不是

10. 下列不属于汽车空调滤清器可能安装位置的是（　　）。

A. 前风窗玻璃外侧进风槽内　　B. 驾驶位仪表板下方

C. 副驾驶位仪表板下方　　D. 以上都不对

11. 下列不属于制冷剂部分泄漏的检漏方法的是（　　）。

A. 目视检漏法　　B. 肥皂水检漏法

C. 电子检漏仪检漏法　　D. 保压检漏法

12. 采用加压法对汽车空调制冷系统进行检漏时，需向系统中注入氮气，使其压力达到（　　）MPa。

A. 1.2 ~ 1.5　　B. 0.2 ~ 0.5

C. 0.5 ~ 1.5　　D. 1.6 ~ 2.0

13.（　　）在汽车制冷系统中冷却吸热、冷凝放热，起着极其重要的作用。

A. 制冷剂　　B. 冷凝剂

C. 化学试剂　　D. 冷却剂

14. 制冷剂离开压缩机时的状态为（　　）。

A. 低压过热蒸气　　B. 低压过冷蒸气

C. 高压过热蒸气　　D. 高压过冷蒸气

15. 检查汽车空调压缩机性能时，应使发动机转速达到（　　）r/min。

A. 1 000　　B. 1 500

C. 1 600　　D. 2 000

16. 下列有关冷冻机油使用注意事项的说法中，不正确的是（　　）。

A. 不能使用变质混浊的冷冻机油，否则会影响压缩机的正常运转

B. 冷冻机油易吸水，用后应马上将盖拧紧

C. 在加注制冷剂时，应先加注冷冻机油，再加注制冷剂

D. 在排放制冷剂时可快速排放，以节约时间

17. 下列（　　）不是蒸发器的结构形式。

A. 管片式　　B. 管带式

C. 层叠式　　D. 平流式

18. 进入压缩机的是（　　）状态的制冷剂。

A. 液体　　B. 气体

C. 混合体　　D. 胶状体

19. 比亚迪 e5 汽车电动空调压缩机的工作电压是（　　）V。

A. DC 120　　B. AC 120

C. DC 320　　D. AC 320

20. 在冷凝器中经过风扇和空气的冷却，制冷剂变为（　　）。

A. 高温高压气态　　B. 高温高压液态

C. 中温高压液态　　D. 低压气态

三、判断题（每题 1 分，共 15 分）

1. 传感器不属于自动空调的调节控制系统。（　　）

2. 汽车空调制冷系统安装位置因座位、乘客的关系很难均匀，其安装位置及送风方式不尽相同。（　　）

3. 通过调节鼓风机转速的大小以控制车内通风量的多少，达到控制车内温度的目的。（　　）

4. 电动热泵空调工作效率比较高，但低温制热能力受到条件限制，还需要进一步改进。（　　）

5. 为了节省燃油，空调应尽量在小风量下运行，这样还能对空调通风管路内部起到清洁作用。 （　　）

6. 因为使用环境比较差，冷凝器容易脏污，所以要定期检查和清洁，让空调的散热效果达到最佳状态。 （　　）

7. 套筒是上紧或卸松螺钉的一种专用工具。它有数个内五棱形的套筒，套筒的内五棱根据螺栓的型号依次排列，可以根据需要选用。 （　　）

8. 在使用万用表测量电阻时，显示屏如果显示数值为 1，则表示测量量程选用过大。 （　　）

9. 安装汽车空调滤清器时，不需要区分安装方向。 （　　）

10. 若车辆使用年头较长，空调系统风道清洗之后还是有一定异味，处理方法为选用吸附能力强的活性炭空调滤清器进行更换。 （　　）

11. 进行空调系统检修时，在抽真空之前应进行泄漏检查。 （　　）

12. 膨胀阀开度过小时，一般高、低压侧压力均低，说明制冷不足。 （　　）

13. 如果制冷系统制冷剂泄漏速度很慢，对冷冻机油泄漏影响不大。 （　　）

14. 比亚迪 e5 汽车电动压缩机为永磁同步电动机或者永磁直流无刷电动机。（　　）

15. 蒸发器制冷时，蒸发越快，制冷效果越好。温度越高，蒸发越快。压力越低，蒸发越快。 （　　）

四、简答题（每题 5 分，共 25 分）

1. 简述新能源汽车空调的主要组成部分及各部分的作用。

2. 空调制冷剂的加注注意事项有哪些？

3. 汽车空调歧管压力表组由哪些元件组成?

4. 如何使用电子检漏仪对汽车空调制冷系统进行检漏?

5. 比亚迪 e5 汽车电动空调压缩机不能正常工作的原因有哪些?

综合试卷（二）

一、填空题（每空1分，共40分）

1. 汽车空气调节装置简称汽车空调（Air Conditioner），它一般由________、________、________和________四部分组成。

2. 汽车空调制冷系统的典型结构包括________、________、________、________、________和________及相关的空调管路。

3. 电动空调制冷原理与传统空调制冷原理的差别在于________不同，传统空调制冷系统中压缩机是通过________进行工作的，无法对压缩机的________进行有效调节。

4. 长期不使用汽车空调期间，最好每两周启动空调运转一下，让________和________在系统中流动，起到保护空调系统的作用。

5. 使用棘轮扳手时，按下________，将套筒扳手套入棘轮扳手的方榫中，松开锁定按钮，套筒即被________；如再次按下锁定按钮，即可解除套筒锁定，取出套筒。

6. 钳子的外形呈V字形，通常包括________、________和________三部分。

7. 拉拔器是把________、________等从轴上无损伤快速拆卸下来的工具。

8. 控制施加的力矩大小，以保证螺纹________且不至于因力矩过大________螺纹，所以需用力矩扳手来操作。

9. 活性炭系列空调滤清器能利用________本身的物理性能，吸附空气中其他的________和更多的________，其过滤效果要比普通型空调滤清器好得多。

10. 汽车空调制冷系统常见的泄漏部位有蒸发器、冷凝器、________、________、连接软管和________等。

11. 现代汽车空调中常用的有两种制冷剂，一种是____________，另一种是____________，目前在汽车上普遍使用的是____________。

12. 加压检漏法是向制冷系统加注一定压力的______________后，一般保持__________后观察系统压力值是否__________的一种检漏方法。若出现压力下降情况，可以使用肥皂水检漏法检查确切的__________。

13. 电动汽车空调暖风系统的主要作用有____________、________________和____________。

二、选择题（每题1分，共20分）

1. 电动汽车空调的空气温度控制是通过操纵（　　），实现对电动空调压缩机或空调箱加热模块的有效控制。

A. 压缩机　　B. 鼓风机控制模块

C. 模式风门伺服电动机　　D. 暖风机混合风门伺服电动机

2. 压缩机将气态制冷剂压缩成高温高压的制冷剂气体，并通过压缩机排气管输送到（　　）。

A. 蒸发器　　B. 冷凝器

C. 鼓风机　　D. 四通换向阀

3. 高压液体经过膨胀阀变为低温低压气液混合态，最后经室外换热器从室外吸热变成（　　）气体并通过四通换向阀、气液分离器再次进入压缩机，完成制热循环。

A. 高温高压　　B. 高温低压

C. 低温高压　　D. 低温低压

4. 下列不属于汽车空调出风模式的是（　　）。

A. 吹上半身及吹地板（脚）模式　　B. 吹地板（脚）模式

C. 吹行李舱及吹地板（脚）模式　　D. 吹前风窗玻璃模式

5. 在夏季雨天前风窗玻璃起雾的情况下，最快的除雾方法为（　　）。

A. 打开车窗　　B. 用制热模式吹风窗玻璃

C. 用制冷模式吹风窗玻璃　　D. 用自然风吹风窗玻璃

6. 下列关于博世罗宾耐尔（16910）制冷剂鉴别仪的说法中，错误的是（　　）。

A. 过滤器不能有红点，若有红点，说明已污染，必须更换

B. 净化排放口在净化过程中排放制冷剂和空气的混合物

C. 排放口设有一个防护帽，净化作业时要更换三次

D. 为避免制冷剂过度流失，在制冷剂鉴别过程中，防护帽必须始终装在排放口上，系统将自动提示是否进行净化，排放口应洁净，无堵塞

7. 歧管压力表组不能实现的功能是（　　）。

A. 测量空调系统压力　　B. 测定空调系统温度

C. 抽真空　　D. 加注制冷剂

8. 荧光检漏是利用荧光检漏剂在紫外 / 蓝光检漏灯照射下会发出明亮的（　　）的原理，对各类系统中的流体渗漏进行检测。

A. 红色　　B. 蓝色

C. 黄绿色　　D. 紫色

9. 下列选项中不是汽车空调滤清器叫法的是（　　）。

A. 花粉滤清器　　B. 空调滤芯

C. 冷气格　　D. 空气格

10. 用压缩空气清洁汽车空调滤清器时，气压以（　　）MPa 为宜。

A. 0.2　　B. 0.5

C. 1　　D. 1.5

11. 下列关于制冷剂的使用方法中，叙述不正确的是（　　）。

A. 制冷剂在一个标准大气压力下会急剧蒸发制冷，与身体接触会冻伤皮肤，添加时要避免其与身体接触，尤其是要避免制冷剂喷到眼睛里

B. 尽管 R12 制冷剂无毒或低毒，但与火焰接触时会产生毒气

C. 制冷剂加注、回收、排放等操作应在通风条件良好场所进行

D. R134a 与 R12 两种制冷剂可混用

12. 在汽车空调制冷系统检修后、为系统加注制冷剂前，必须先对系统进行抽真空，抽真空的时间一般以（　　）min 为宜。

A. 1 ~ 2　　B. 5 ~ 10

C. 15 ~ 30　　D. 30 ~ 45

13. 在汽车空调的组成部件中，（　　）可以根据制冷负荷自动调节制冷剂的流量，达到控制车内温度的目的。

A. 压缩机　　B. 冷凝器

C. 膨胀阀　　D. 蒸发器

14. 使用汽车空调时，下列选项中（　　）会影响空调的制冷效果。

A. 乘客过多　　B. 汽车行驶过快

C. 大负荷　　D. 门窗关闭不严

15. 从冷凝器来的液态制冷剂经过滤网和干燥剂去除杂质和水分后，进入（　　）。

A. 膨胀阀　　B. 蒸发器

C. 压缩机　　D. 散热器

16. 汽车静止时，当电动汽车动力蓄电池电量低于（　　）时，VCU 会关闭空调，以防止动力蓄电池过放电。

A. 3%　　B. 5%

C. 10%　　D. 15%

17. 新能源汽车空调动力设备就是（　　）。

A. 电动空调压缩机　　B. 膨胀阀

C. 冷凝器　　D. 动力蓄电池

18. 纯电动汽车采用的暖风加热系统是（　　）。

A. 利用高压加热冷却液再制暖方式

B. 利用 PTC 直接加热进风空气制暖方式

C. 发动机冷却系统加热

D. 不采用暖风

19. 制冷剂在蒸发器中的过程是（　　）。

A. 吸热汽化过程　　B. 降温冷凝过程

C. 吸热冷凝过程　　D. 降温汽化过程

20. 车内空气相对湿度一般保持在（　　）。

A. 40%　　B. 90%

C. 25%　　D. 50% ~ 70%

三、判断题（每题 1 分，共 15 分）

1. 汽车车厢内空气湿度的调节是通过制热系统去除空气中的水分，达到除湿的

效果。 （ ）

2. 一般汽车空调装置上都设有进风门、排风门、空气过滤装置和空气净化装置。车内新鲜空气量应保持在 20 ~ 30 m^3/h，二氧化碳体积浓度应在 0.1% 以下。 （ ）

3. 以膨胀阀为界，膨胀阀之前（压缩机→冷凝器→储液干燥器→膨胀阀）的制冷剂呈低温低压状态，称为低压侧，相应的管道称为低压管。 （ ）

4. 调节鼓风机转速的大小以控制车内通风量的多少，可以达到控制车内温度的目的。 （ ）

5. 当旋转扳手力度不够时，可以在扳手尾端加接套管延长力臂。但不能用钢锤敲击扳手，在冲击载荷下扳手极易变形或损坏。 （ ）

6. 启动汽车后打开空调系统并调节出风量，设置为内循环模式，使制冷量最大，可以检测汽车空调系统压力是否符合标准。 （ ）

7. 通过荧光检漏法检漏时，只要向汽车空调中加入荧光剂，就能马上找到泄漏位置。 （ ）

8. 停止抽真空时，应切断抽真空电源，再将高低压表下方手阀及抽真空手阀均拧至“关”的位置，以免空气进入制冷系统管路。 （ ）

9. 当汽车空调出风有较大异味或者明显感觉出风量小时，需要更换空调滤清器。

（ ）

10. 制冷剂加注、回收、排放等操作应在通风条件良好的场所进行。 （ ）

11. 通过运行空调系统观察视液镜情况判断制冷剂量，若发现视液镜几乎透明，有少量气泡生成，但随着发动机转速升高而逐渐消失时，属于制冷剂量正常情况。

（ ）

12. 如发现空调压缩机排气压力过高，不能正常制冷，冷凝器导管外部有结霜、结冰现象，说明冷凝器导管内部发生脏堵现象。 （ ）

13. 加注制冷剂过程中如发现无法加注制冷剂或压力表压力值一直不变，要注意检查各阀体及表座接头是否产生油堵。 （ ）

14. 在比亚迪 e5 汽车空调系统中，变频器将来自动力蓄电池的额定电压 DC 320 V 转换为 AC 320 V，为空调系统中的压缩机供电。 （ ）

15. 电动压缩机的供电电压是 12 V。 （ ）

四、简答题（每题 5 分，共 25 分）

1. 简述 PTC 加热器的特性。

2. 简述电动汽车空调制冷系统的控制原理。

3. 如何使用歧管压力表组对汽车空调制冷系统进行抽真空？

4. 简述电动空调压缩机控制与传统空调压缩机控制的区别。

5. 导致电动空调压缩机异响的故障原因有哪些？

综合试卷（三）

一、填空题（每空 1 分，共 40 分）

1. 纯电动汽车空调系统的制冷功能可以用＿＿＿＿＿＿＿作为动力源来实现，但为了使电动压缩机更好地工作，还要研发压缩机的＿＿＿＿＿＿＿，以提高能源利用效率。

2. 混合动力电动汽车就是在纯电动汽车上加装一套内燃机，其能源配备结构与传统汽车相比变化＿＿＿＿＿＿＿，由发动机和电动机＿＿＿＿＿＿＿或＿＿＿＿＿＿＿驱动汽车行驶。

3. 混合动力电动汽车空调压缩机的驱动方式较为多样化，中混合式（Mild-HEV）可采用传动带传动和电动机驱动兼顾的＿＿＿＿＿＿＿＿，强混合式（Strong-HEV）可采用电动压缩机，如＿＿＿＿＿＿＿＿。

4. 新能源汽车空调制冷系统主要由＿＿＿＿＿＿＿＿＿、＿＿＿＿＿＿＿、＿＿＿＿＿＿＿＿＿＿＿、＿＿＿＿＿＿＿、＿＿＿＿＿＿＿及连接管路组成。

5. 全电动空调压缩机仅由＿＿＿＿＿＿驱动，双驱动空调压缩机则由＿＿＿＿＿＿＿＿与＿＿＿＿＿＿协同驱动，制冷性能由混合动力控制模块控制电动机转速即压缩机转速来完成。

6. 制冷剂回收加注机兼有＿＿＿＿＿＿、抽真空、＿＿＿＿＿＿和＿＿＿＿＿＿等多种功能。

7. 歧管压力表组一般有两个表头，蓝表头是＿＿＿＿＿＿，红表头是＿＿＿＿＿＿。

8. 活性炭系列空调滤清器能利用＿＿＿＿＿＿＿＿本身的物理性能，吸附空气中其他的＿＿＿＿＿＿＿和更多的＿＿＿＿＿＿＿，其过滤效果要比普通空调滤清器好得多。

9. 若使用的汽车空调滤清器通风＿＿＿＿＿＿或是空调滤清器使用＿＿＿＿＿＿，未及时更换，将使空调系统的出风量不够大，制冷或制热的____________。

10. 斜盘式压缩机前后布置________组气缸，均以压缩机____________为中心均匀布置。

11. 电动涡旋式压缩机主要由高低压插件、____________、____________、____________等部件组成。

12. 车内温度传感器也称室内温度传感器，是自动空调的重要传感器之一，按照强制导向气流方式不同，车内温度传感器可分为____________车内温度传感器和____________车内温度传感器两种。

13. 空调压力传感器安装在__________管路上，其作用是检测制冷管路系统压力。

14. HVAC 总成 Heating、Ventilation and Air Conditioning 的英文缩写是____________、____________与____________。

15. 进入车身模块后，检查空调系统的选项主要有空调控制器、______________、空调水加热器以及______________选项。

16. 在用诊断系统检查车辆时，如果没有查到有 DTC，那么应查看____________________________。

二、选择题（每题 1 分，共 20 分）

1. 纯电动汽车空调制冷系统中的变频器在压缩机控制器的控制下可将动力蓄电池提供的（　　）逆变为电压和频率可调的三相交流电，驱动压缩机工作。

A. 高压直流电　　B. 低压直流电

C. 高压交流电　　D. 低压交流电

2. 电动汽车空调的空气温度控制是通过操纵（　　），实现对于电动空调压缩机或空调箱加热模块的有效控制。

A. 压缩机　　B. 鼓风机控制模块

C. 模式风门伺服电动机　　D. 暖风机混合风门伺服电动机

3. 燃料电池电动汽车的燃料电池产生高压电，经（　　）转换为稳定的近 400 V 的高压直流电，用高压直流电驱动的直流无刷式电动机作为压缩机动力源。

A. AC–AC　　B. AC–DC

C. DC–AC　　D. DC–DC

4. 新能源汽车空调控制系统的执行装置不包括（　　）。

A. 继电器　　B. 鼓风机

C. CAN 线　　D. 电动机

5. 目前，汽车空调采用的环保型制冷剂为（　　）。

A. R134a　　B. R12

C. R22　　D. 以上都是

6. 后风窗玻璃和倒后镜采用电加热式装置的目的是（　　）。

A. 保暖　　B. 除雾

C. 除污渍　　D. 让雨水更快流下

7. 在夏季雨天前风窗玻璃起雾的情况下，最快的除雾方法为（　　）。

A. 打开车窗　　B. 用制热模式吹风窗玻璃

C. 用制冷模式吹风窗玻璃　　D. 用自然风吹风窗玻璃

8. 下列选项中不属于万用表作用的是（　　）。

A. 测量电流　　B. 测量交流电压

C. 测量直流电压　　D. 测量液体密度

9. 歧管压力表组不能实现的功能是（　　）。

A. 测量空调系统压力　　B. 测定空调系统温度

C. 抽真空　　D. 加注制冷剂

10. 下列选项中不是荧光检漏法用到的物品的是（　　）。

A. 电子检漏仪　　B. 射灯

C. 荧光剂　　D. 滤光镜

11. 荧光检漏法利用荧光检漏剂在紫外 / 蓝光检漏灯照射下会发出明亮的（　　）光的原理，对各类系统中的流体渗漏进行检测。

A. 红色　　B. 蓝色

C. 黄绿色　　D. 紫色

12. 普通型汽车空调滤清器不能去除的物质是（　　）。

A. 灰尘　　B. 颗粒物

C. 空气中的有害物质　　D. 以上都不对

13. 用压缩空气清洁汽车空调滤清器时，压缩空气气压以（　　）MPa 为宜。

A. 0.2　　B. 0.5

C. 1　　D. 1.5

14. 下列关于制冷剂的使用中，说法不正确的是（　　）。

A. 制冷剂在一个标准大气压力下会急剧蒸发制冷，与身体接触会冻伤皮肤，添加时要避免其与身体接触，尤其是避免制冷剂喷到眼睛里

B. 尽管 R12 制冷剂无毒或低毒，但与火焰接触时会产生毒气

C. 制冷剂加注、回收、排放等操作应在通风条件良好的场所进行

D. R134a 制冷剂与 R12 制冷剂可混用

15. 在实际应用中，为了防止压缩和受直径的限制，电动涡旋式压缩机涡旋圈数为（　　）圈。

A. 1.5 ~ 3　　B. 2.5 ~ 3

C. 3.5 ~ 4　　D. 2.5 ~ 4

16. 涡流式压缩机的整个工作过程是连续的，并不断重复，按顺序完成（　　）。

A. 吸气、压缩、排气过程　　B. 吸气、压缩、膨胀过程

C. 膨胀、吸气、排气过程　　D. 吸气、排气、膨胀过程

17. 纯电动汽车的空调压缩机靠（　　）驱动。

A. 专门电动机　　B. 整车驱动电动机

C. 发动机　　D. 空调鼓风电动机

18. 在正常情况下，电动汽车在关闭点火开关后，高压系统（　　）高压电。

A. 不存在　　B. 存在

C. 可能存在　　D. 无法确定存在

19. 通过读取空调控制器的数据流，可知系统管路的静态压力正常值为（　　）MPa。

A. 1.4　　B. 0.7

C. 2.5　　D. 1.2

20. 通过读取空调系统其他数据流，可知电子膨胀阀开度正常值为（　　）。

A. 10%　　B. 9%

C. 15%　　D. 18%

三、判断题（每题 1 分，共 15 分）

1. 热泵空调的制热原理与家用冷暖空调的制热原理完全不同，制热过程中制冷剂的流动方向与制冷时相反。（ ）

2. 空调控制器控制空调压缩机低压电路的通断，同时向执行装置发出控制信号，对车内空气的温度、湿度及流通状况按照预定要求进行调节。（ ）

3. 纯电动汽车空调制冷系统控制原理完全不同于传统汽车空调制冷系统控制原理。（ ）

4. 配备双驱动压缩机的混合动力电动汽车解决了发动机停止工作时空调压缩机无动力来源以及电动空调系统能量转换损耗大，影响电动机、电动汽车电池使用寿命的问题。（ ）

5. 炎热夏季久停的车辆在刚启动时，打开空调时应关闭车窗，降低热负荷，增强制冷效果，减轻空调制冷负担。（ ）

6. 因为冷凝器使用环境比较差，容易脏污，所以要定期检查和清洁，让空调的散热效果达到最佳状态。（ ）

7. 为避免打滑而伤及使用者，一般优先选用套筒扳手，其次为梅花扳手，再次为呆扳手，最后为活扳手。（ ）

8. 空气中的水蒸气在空调系统运行过程中会使制冷系统产生冰堵现象，使制冷效果变差或者不制冷。（ ）

9. 使用荧光检漏法对制冷系统检修检漏时，应当启动发动机，打开空调系统，使空调系统压缩机运行 10 min 以上，让荧光剂充分循环。（ ）

10. 对制冷系统进行充氮气加压检漏时，若系统在 48 h 内压力无明显下降，则说明制冷系统无泄漏。（ ）

11. 电动涡旋式压缩机完成吸气、压缩、排气的整个工作过程是间断的。（ ）

12. 在空调的使用过程中，剩余电量小于 3% 或者最大可放电功率小于 5 kW 时，VCU 会关闭空调，以防止动力蓄电池过放电。（ ）

13. 黏结式陶瓷 PTC 加热器是将多个陶瓷 PTC 芯片及铝波纹散热片用耐高温树脂胶黏结在一起的加热器，其散热性好，电气性能稳定。（ ）

14. 在对电动汽车空调制冷系统进行维修时，不需要戴绝缘手套。（ ）

15. 电动汽车空调暖风系统与传统汽车空调暖风系统没有什么区别。 （ ）

四、简答题（每题 5 分，共 25 分）

1. 简述新能源汽车空调系统的主要组成部分及各部分的作用。

2. 汽车空调滤清器对汽车空调的使用有哪些影响？

3. 如何使用电子检漏仪对汽车空调制冷系统进行检漏？

4. 简述电动涡旋式压缩机的结构与工作原理。

5. 分析电动汽车空调暖风系统 PTC 不工作，设置启动功能后仍为凉风的故障原因，并简单说明检测及排除步骤。